Dinheiro rápido numa semana

30 maneiras de ganhar dinheiro rapidamente em apenas uma semana.

DINHEIRO RÁPIDO NUMA SEMANA

Por: D.K. Hawkins
Série "Dinheiro rápido"
Versão 1.1 ~Novembro 2022
Publicado por D.K. Hawkins no KDP
Copyright ©2022 por D.K. Hawkins. Todos os direitos reservados.

Nenhuma parte desta publicação pode ser reproduzida, distribuída ou transmitida sob qualquer forma ou por qualquer meio, incluindo fotocópia, gravação ou outros métodos electrónicos ou mecânicos, ou por qualquer sistema de armazenamento ou recuperação de informação sem a prévia autorização escrita dos editores, excepto no caso de citações muito breves incorporadas em revisões críticas e certos outros usos não comerciais permitidos pela lei de direitos de autor.

Todos os direitos reservados, incluindo o direito de reprodução no todo ou em parte, sob qualquer forma.

Todas as informações contidas neste livro foram cuidadosamente pesquisadas e verificadas quanto à sua exactidão factual. Contudo, o autor e a editora não dão qualquer garantia, expressa ou implícita, de que a informação aqui contida é apropriada para cada indivíduo, situação ou finalidade e não assumem qualquer responsabilidade por erros ou omissões.

O leitor assume o risco e total responsabilidade por todas as acções. O autor não será considerado responsável por qualquer perda ou dano, seja consequente, incidental, especial ou não, que possa resultar da informação apresentada neste livro.

Todas as imagens são gratuitas para utilização ou adquiridas em sítios de fotografia de stock ou livres de royalties para utilização comercial. Confiei nas minhas próprias observações bem como em muitas fontes diferentes para este livro, e fiz o meu melhor para verificar os factos e dar crédito onde ele é devido. No caso de qualquer material ser utilizado sem a devida permissão, por favor contacte-me para que a omissão possa ser corrigida.

A informação fornecida neste livro é apenas para fins informativos e não pretende ser uma fonte de aconselhamento ou análise de crédito no que respeita ao material apresentado. As informações e/ou documentos contidos neste livro não constituem aconselhamento jurídico ou financeiro e nunca devem ser utilizados sem primeiro consultar um profissional financeiro para determinar o que pode ser melhor para as suas necessidades individuais.

A editora e o autor não fazem qualquer garantia ou outra promessa quanto a quaisquer resultados que possam ser obtidos com a utilização do conteúdo deste livro. Nunca deverá tomar qualquer decisão de investimento sem primeiro consultar o seu próprio consultor financeiro e realizar as suas próprias pesquisas e diligências. Na medida máxima permitida por lei, a editora e o autor declaram toda e qualquer responsabilidade no caso de quaisquer informações, comentários, análises, opiniões, conselhos e/ou recomendações contidas neste livro se revelarem inexactas, incompletas, ou não fiáveis ou resultarem em qualquer investimento ou outras perdas.

O conteúdo contido ou disponibilizado através deste livro não se destina e não constitui aconselhamento jurídico ou de investimento, e não é formada qualquer relação advogado-cliente. A editora e o autor fornecem este livro e o seu conteúdo numa base de "tal como está". A sua utilização das informações contidas neste livro é por sua conta e risco.

ÍNDICE.

ÍNDICE. 4
INTRODUÇÃO. 6
DIFERENTES FORMAS DE GANHAR DINHEIRO RAPIDAMENTE EM APENAS UMA SEMANA. 9
   1. INICIAR UM DIRECTÓRIO DE ARTIGOS. 9
   2. COMÉRCIO FOREX ONLINE. 15
   3. MARKETING AFILIADO. 19
   4. COLOCAÇÃO DE ANÚNCIOS CLASSIFICADOS EM SITES GRATUITOS. 22
   5. CONFIGURAÇÃO DE CAMPANHAS DE NICHO. 28
   6. ESCRITA FREELANCE. 31
   7. BLOGGING. 34
   8. MARKETING NA INTERNET. 37
   9. MARKETING EM VÍDEO. 40
   10. PHOTOSHOP. 44
   11. FOTOGRAFIA DE STOCK. 46
   12. CRAIGSLIST. 50
   13. SERVIÇO DE ENTREGA. 53
   14. DESENVOLVIMENTO DE UM FUNIL DE VENDA SECRETO. 54
   15. A FAZER INQUÉRITOS PAGOS. 59
   16. PRODUTOS COM MARCA DE DISTRIBUIDOR. 62

17. VENDA DE OBRAS DE ARTE. 66
18. PODCAST. 72
19. GOOGLE ADSENSE. 77
20. ESTOQUES DE PENNY. 80
21. FÓRUM. 82
22. TRABALHOS DE INTRODUÇÃO DE DADOS A PARTIR DE CASA. 87
23. EBOOOK ESCREVENDO. 90
24. VENDA NO EBAY. 93
25. ALOJAMENTO DE WEBINARS. 94
26. INVERSÃO DE DOMÍNIO. 98
27. LANÇAMENTO DE PRODUTOS. 100
28. SÍTIOS WEB DE MEMBROS. 102
29. PROGRAMAS DE ALTO NÍVEL. 104
30. TUTORIA ONLINE. 108
CONCLUSÃO. 114

INTRODUÇÃO.

Pode começar a ganhar dinheiro no prazo de uma semana. Obter o seu primeiro rendimento online ou offline no prazo de uma semana é normal se tiver optado por trabalhar online e offline e ganhar dinheiro, quer o seu objectivo seja um emprego a tempo inteiro ou apenas dinheiro extra para gastar.

Porque é que digo isto? Porque já testemunhei isto muitas vezes ao longo dos últimos anos, pois ajudei as pessoas a começar a ganhar dinheiro online e offline.

Raramente vejo alguém cujo objectivo é trabalhar online ou offline e ganhar dinheiro e que tem uma quantia substancial de dinheiro para investir no início. A maioria prefere começar sem dinheiro substancial ou conhecimentos especializados.

Isto pode parecer uma ordem sublime, mas felizmente, pode ser cumprida. Não deve ser surpreendente que ganhar dinheiro online e offline sem dinheiro ou competências seja muitas vezes chamado "marketing vagabundo".

Tem tudo o que precisa para lançar o seu negócio online e offline, se possuir ou tiver acesso a um computador e à Internet. Faltam-lhe simplesmente instruções claras, passo a passo, sobre como fazer a tarefa. A maioria das pessoas realizará um estudo exaustivo sobre como ganhar dinheiro on-line e off-line, mas nunca começará. Talvez lhes falte simplesmente confiança nas suas capacidades.

Há tantos itens no mundo (sim, o MUNDO, não apenas a sua cidade, estado, ou país) que mesmo com a ajuda de mil dos meus amigos mais próximos, não poderia promovê-los a todos, e se fala muitas línguas, WOW, tem ainda mais oportunidades.

Para começar a ganhar dinheiro no prazo de uma semana, tem de começar imediatamente. Não pode então passar um mês a estudar, pois não?

Defendo a leitura completa deste livro para que possa absorver o máximo de informação no mais curto espaço de tempo com as 30 melhores formas de ganhar dinheiro rapidamente no prazo de uma semana. Também precisa do menor esforço da sua parte.

Está pronto para começar? Por favor, leia em.......................

DIFERENTES FORMAS DE GANHAR DINHEIRO RAPIDAMENTE EM APENAS UMA SEMANA.

1. INICIAR UM DIRECTÓRIO DE ARTIGOS.

Isto requer um pouco mais de esforço, mas é bastante fácil. O que é que os utilizadores da Internet procuram? Informação e abundância dela!

Para lançar um directório de artigos, basta criar um website básico e solicitar submissões gratuitas aos escritores. A maioria dos escritores de artigos promovem algo como livros electrónicos, seminários, software, e workshops. Estão sempre à procura de exposição gratuita ou barata.

Em breve, terá acesso a mais milhares de páginas de conteúdo. Como ganharão dinheiro? Adicione anúncios do Google (detalhes abaixo). Ganhará dinheiro cada vez que alguém clicar num dos seus anúncios.

Muitos directórios de artigos aceitam artigos sobre diferentes tópicos, enquanto outros são especializados. Só você pode determinar qual é a melhor opção para si. Gosto de directórios de especialidade porque, à medida que a web cresce, acredito que as pessoas regressarão a um directório com material de qualidade sobre um único número mais vezes do que um directório com muitos artigos sobre cada assunto. Mesmo quando separado por categoria, "directórios com tudo incluído" são demasiado esmagadores para mim. Mais uma vez, a escolha é sua.

Promovê-lo e adquirir conteúdo de alta qualidade para o seu website é a chave para ganhar dinheiro com um directório de artigos. Para obter artigos de alta qualidade sobre um tema em particular, é necessário fazer uma pesquisa na web usando os termos chave apropriados.

Contacte o autor (a maioria terá as suas informações de contacto na caixa de recursos no final do artigo) e peça-lhe para submeter artigos frequentemente ao seu directório. Quase sempre estarão de acordo.

Agora é o momento em que o seu website deve realmente descolar. Uma vez que os motores de busca tenham indexado o seu directório, muitos começarão a enviar-lhe conteúdos automaticamente. Assim que tiver algumas centenas de artigos no seu directório (e isto pode levar apenas algumas semanas se se esforçar), coloque os anúncios do Google em cada página, e voila - tem centenas de páginas de conteúdo contendo publicidade que, cada vez que são clicados, geram receitas para si.

Pode seleccionar automaticamente conteúdo de muitos directórios de artigos da Internet para começar. Quando procura por "directório de artigos", aparecem aproximadamente 3,5 milhões (sim, milhões!) de resultados.

Software de directório de artigos: Se estiver disposto a gastar um pouco de dinheiro, pode adquirir software que automatize todo o processo.

Uma pesquisa por "software de directório de artigos" devolve cerca de 500.000 resultados. Pode adquirir e instalar a maior parte do software ou pedir à editora que o instale para si. A auto-instalação requer um alto nível de proficiência técnica.

Antes de criar um directório de artigos, sugiro que dedique muitas horas a pesquisar o tema através da leitura. Embora seja uma ideia muito simples, pode necessitar de muito trabalho à partida, mas pode ser compensado em espadas ao longo dos meses e anos.

Visite Google.com para saber mais sobre como adquirir os anúncios do Google que aparecem em muitos websites. Seleccione "Programas de Marketing" (um botão de texto simples mesmo por baixo da caixa de pesquisa). Clique em "Para Editores

Web": Google AdSense" então. Clicar finalmente em "O que é AdSense? Visita rápida" A aplicação será ensinada na íntegra, e poderá ser lançada dentro de cinco minutos.

Se tem uma paixão por algo e pode visar um nicho altamente definido, pode construir um blogue sobre ele, adicionar alguns anúncios do Google AdSense e ganhar algumas centenas de dólares todos os meses sem muito esforço. Deseja ganhar mais? Como com qualquer outra coisa na vida, quanto mais tempo investir, maior será o seu rendimento.

Existe mesmo um novo website, Scoopt.com, que funciona como agente literário para blogs. A que é que me estou a referir? Especificamente, eles "ajudam-no a obter licenças para o uso comercial e não comercial do seu blogue". Em essência, ajudam-no a vender o conteúdo do seu sítio. Ver informação completa no seu sítio web.

Os blogues já não se limitam a desabafar sobre a sua mais recente relação desastrosa ou o trabalho atamancado do cabeleireiro. Eles são meios profissionais de produzir dinheiro no presente.

Para ler um estudo de caso demonstrando como um passatempo pessoal pode ser transformado num blogue popular e gerador de dinheiro, visite ProBlogger.net e pesquise "Back in Skinny Jeans". O artigo deve ser exibido. É bastante interessante de ler.

Para criar um blogue, visite blogger.com, crie uma conta e comece a escrever no blogue. É gratuito!

Não há fraudes de "get-rich-quick" envolvidas. O meu objectivo na Inkwell Editing é ajudar os freelancers editoriais e criativos a ganharem um salário vivo. Como muitos outros o farão, nunca irei garantir que "ganharão milhares por mês, simplesmente executando x". Não confiem na propaganda.

Trabalho na indústria editorial desde 1987 e como freelancer desde 1993. Já ouvi falar e utilizei muitos programas. A única forma de ganhar dinheiro é exercer um esforço contínuo nalgum esforço. É preciso tempo e esforço, tempo e esforço.

A boa notícia é que a Internet torna mais fácil do que nunca ganhar um trabalho como trabalho criativo, e pode ser realizada "bastante" facilmente se se escolherem formas eficazes e se as implementarem regularmente.

2. COMÉRCIO FOREX ONLINE.

O seu 4forextrading online parou? Entra numa troca apenas para a inverter, resultando numa perda. Alguma vez desejou um método que ganhasse dinheiro de forma consistente sem exigir atenção constante? Tenho algo que lhe pode ser útil.

Esta secção assume que está familiarizado com gráficos forex online utilizando estudos técnicos, incluindo Exponential Moving Average, MACD, e Stochastics. Utilizo os gráficos técnicos gratuitos do Wizetrade Forex e MB Trading para as minhas necessidades de gráficos.

Inicialmente, o termo de responsabilidade.

O comércio de divisas é uma oportunidade difícil que oferece retornos acima da média a comerciantes instruídos e experientes dispostos a assumir riscos acima da média. Antes de optar pela negociação de divisas estrangeiras (FX), deve avaliar os seus objectivos de investimento, nível de experiência, e tolerância ao risco.

Nunca deve investir mais dinheiro do que aquele que se pode dar ao luxo de perder. Antes de adoptar uma nova estratégia sobre uma conta real, é geralmente prudente testá-la no papel primeiro.

Tipo de estratégia.

Este é um plano a longo prazo que normalmente demora uma a duas semanas a ser implementado. Emprega gráficos de barras ou castiçais com Média Móvel Exponencial, MACD, e Estocásticos como indicadores.

A Situação.

Gráficos - 1 dia e 1 mês (barra ou castiçal) (por vezes, um gráfico com um tempo mais curto pode proporcionar vistas mais claras. Prefiro a luz de 1 hora, 10 de dia, e a luz de 180 minutos no Wizetrade).

Médias Exponenciais em Movimento - (3) configurações, 4-13-50.

MACD - 5-34-7.

Probabilidade — 13-5-5.

Entrada na Indústria.

Considere o MACD para confirmação da direcção da tendência. Depois de ter atravessado a sua linha central, o indicador é tipicamente mais fiável.

Pretende-se que as linhas Estocásticas se cruzem e se movam acima das 20 para compras e abaixo das 80 para vendas. (Isto é por vezes mais aparente em gráficos de intervalos mais curtos).

Examine agora as médias móveis. Quando as 4 EMA e 13 EMA atravessam as 50 EMA, em qualquer direcção, com um bom ângulo de movimento e intervalo entre as médias, é um bom momento para entrar. (Tendências decrescentes para as vendas e tendências crescentes para as compras).

Se as condições mencionadas acima forem cumpridas, considere a possibilidade de entrar na transacção.

Configurando o seu Stop Loss.

Coloque o seu stop loss 30 a 50 pips abaixo do mínimo do dia anterior. Esta será uma grande perda para o eliminar do comércio em cenários catastróficos. Sugiro que aumente a sua paragem de perda à medida que a sua transacção lucre. Independentemente do que fizer, NÃO o diminua. (Se a transacção fosse uma venda, o stop loss estaria acima do máximo do dia anterior.)

No negócio.

Observar o comércio para determinar se está a aproximar-se de um nível de resistência ou apoio, e vigiar as médias móveis exponenciais de 4 e 13. O apoio e a resistência podem não desempenhar um papel significativo neste tipo de plano, mas eu continuaria a monitorizá-los de perto.

Sair do Mercado.

Esteja atento para que os 4 EMA atravessem os 13 EMA na direcção oposta à sua entrada depois de entrar na profissão. Verifique se a sua MACD foi invertida. Como funciona o seu estocástico? Estes são indicadores de saída potencial. Se a tendência se inverteu, deve descontar os seus ganhos.

Precisa de ter paciência para se desenvolver enquanto estiver no comércio e saber quando sair da transacção. Os gráficos existem para o ajudar. Alguns membros do nosso grupo comercial têm utilizado este método com grande sucesso.

3. MARKETING AFILIADO.

Há inúmeros artigos de afiliação disponíveis para promoção. O marketing de afiliação é o processo de promoção de um produto online. Agora, para os novatos, isto pode ser tão fácil como abrir um blogue ou uma lente Squidoo, ambos bastante simples. Em seguida, remete os seus visitantes para o seu link de afiliado no seu website, onde eles fazem uma compra, e é compensado.

Isto pode ser intimidante para começar, pois têm de compreender como atrair tráfego para o seu site e ser indexados pelo Google e sobre palavras-chave. Existem inúmeros métodos para promover o seu sítio web.

Como iniciante no marketing de afiliados, sentir-se-á inicialmente sobrecarregado. A curva de aprendizagem íngreme leva meses a completar. A boa notícia é que há programas disponíveis, alguns dos quais são gratuitos ou muito baratos, que podem encurtar a sua curva de aprendizagem em semanas ou meses.

Deve também escolher o que vai comercializar; muitos escolhem por uma empresa numa caixa, mas nem todos o fazem. Acredito que se conseguir encontrar algo entusiasta, será muito mais bem sucedido. Considere algo de que goste, e depois faça o Google com a frase affiliate anexada, e ta-da! Tem opções. Existe um programa de afiliação para praticamente qualquer mercadoria imaginável, incluindo livros electrónicos, vitaminas, e electrónica.

O melhor curso de acção é lançar o seu website com o seu link de afiliado e iniciar a sua educação. Assim, pode modificar e aplicar o que aprende à medida que avança, mas deve começar primeiro. Uma vez que um sítio esteja operacional, pode passar a outro.

Agora, crio um novo sítio web todas as semanas, em média. Quando comecei, demoraria um mês a criar um único sítio web. Portanto, digamos uma semana para cada sítio, quatro sítios num mês, cada um gerando receitas passivas enquanto dorme. Iterar e repetir. Utilizo um plano de marketing de uma semana, o que me ajudou a começar.

Comecei este esforço em part-time há cinco meses, com resultados iniciais limitados. Desde que fui despedido há duas semanas, apercebi-me que tinha de levar a sério. Passei entre 10 e 12 horas todos os dias a trabalhar nisto para o tornar operacional. Eu era um novato e muito confuso. Nas duas semanas anteriores, aproximei-me do que ganhei no meu "verdadeiro emprego", que não era amendoim.

A parte mais simpática é que eu gosto dele. Compilei um guia que irá encurtar a sua curva de aprendizagem e ajudá-lo a começar a ganhar dinheiro mais cedo, se quiser avançar mais rapidamente. O título é Affiliate Marketing Made Simple. Comece a ganhar dinheiro mais rapidamente e reduza a sua curva de aprendizagem.

4. COLOCAÇÃO DE ANÚNCIOS CLASSIFICADOS EM SITES GRATUITOS.

Desde 2007, tenho tido a sorte de ganhar toda a minha vida online. Promover artigos afiliados através de publicidade classificada gratuita em websites como o Craigslist e a contra-página é uma das minhas principais fontes de receitas.

A seguir estão as respostas a quatro perguntas que me fazem habitualmente sobre a contra-página; o meu site de anúncios classificados gratuito preferido é se quiser ganhar dinheiro colocando anúncios em sites como este.

O conselho aqui fornecido é aplicável independentemente do sítio de anúncios classificados gratuitos que utiliza.

Respostas a Quatro Preocupações Comuns em Relação à Publicação de Anúncios Gratuitos em Backpage.

1. Quais as cidades a colocar anúncios: A backpage recebe muito tráfego. Quanto? De acordo com a estimativa de tráfego, um website que prevê a quantidade de tráfego que um website recebe mensalmente, anualmente, etc., recebeu 20.394.000 visitantes em Janeiro de 2013.

Existem cerca de 400 cidades onde se pode colocar anúncios, mas apenas uma mão cheia recebe o maior tráfego. Listadas aqui, dependendo do tráfego, estão as vinte primeiras categorias para colocar anúncios na página de trás para ganhar dinheiro online rapidamente.

As Melhores Cidades de Backpage para Colocar Anúncios Gratuitos.

- Miami, FL.

- Minneapolis, MN.

- New York, New York.

- Philadelphia, PA.

- Phoenix, AZ.

- San Diego, CA.

- Atlanta, GA.

- Boston, MA.

- Chicago, Illinois.

- Texas, Dallas/Fort Worth.

- Denver, CO.

- Houston, Texas.

- Las Vegas, NV.

- Los Angeles, CA.

- San Francisco, CA.

- Seattle, Washington.

- St. Louis, MO.

- Tampa, FL.

- Toronto, ON.

- Washington, District of Columbia.

As oportunidades de negócio são uma das categorias mais populares para a colocação de anúncios gratuitos. Esta área, "Ofertas de Negócios", é onde a maioria das oportunidades de afiliação que provavelmente lhe interessam em publicidade caberá. As "oportunidades de fazer dinheiro" são a forma mais popular de artigos de afiliação a anunciar para ganhar dinheiro rapidamente online.

2. Nota relativa às categorias: Por favor, respeite as normas do sítio. Alguns comerciantes, por exemplo, promovem oportunidades de negócio sob a área "Emprego". A última coisa que um candidato a emprego quer é encontrar um anúncio para uma oportunidade de negócio "paga por".

Paga por oportunidades; candidata-se a empregos; tenha em conta esta distinção. Mesmo que acredite que pode escapar ao anúncio na categoria errada, abstenha-se de abusar do serviço desta forma. É simplesmente antiético.

3. Com que frequência colocar anúncios para fazer dinheiro consistente: No início da minha carreira de marketing afiliado, afixei anúncios diariamente, o que acredito que todos os novatos devem fazer para começar a ganhar dinheiro consistente (por exemplo, semanalmente, depois diariamente).

FYI, empregar outras abordagens, tais como a comercialização de artigos. Suponha que o marketing de afiliação é algo que se espera que um dia se torne uma carreira a tempo inteiro. Nesse caso, provavelmente precisará de combinar muitas estratégias de marketing na Internet para ganhar o suficiente para tornar isto uma realidade.

4. Como Seleccionar Produtos e/ou Serviços de Sucesso Como auto-publicador, comercializo principalmente os meus livros electrónicos e alguns produtos afiliados "sempre-verdes".

O conselho mais importante que posso dar para seleccionar artigos lucrativos é escolher aqueles que lhe interessam e/ou com os quais tem experiência. O raciocínio é que é muito mais fácil defender "de forma credível" produtos ou serviços de que gosta e/ou com os quais tem de ter experiência.

Há muito lixo na Internet, e os consumidores podem detectar a falsidade. Não percorra esse caminho. Os websites de marketing de afiliados, tais como CommissionJunction e Clickbank oferecem milhares de produtos dos quais se pode escolher ganhar dinheiro através de um anúncio publicitário. Portanto, crie a sua profissão de marketing na Internet em torno de marcas respeitáveis em que tenha confiança.

E só para que saiba, a maioria dos programas de afiliação são livres de aderir, pelo que não há taxa para começar.

5. CONFIGURAÇÃO DE CAMPANHAS DE NICHO.

É um comerciante da Internet, mas não tem resultados impressionantes para mostrar. Que tal eu dizer-lhe o que precisa para começar a ganhar dinheiro legítimo online?

Passe alguns minutos a ler este post, e poderá ter um negócio de nicho passivo e lucrativo em menos de uma semana.

Deixem-me começar por dizer que esta VONTADE precisa de esforço; se tentarem algo pela primeira vez, poderá ser mais difícil. A boa notícia é que, uma vez estabelecida a sua primeira campanha, os esforços subsequentes serão fáceis de gerir, e se não negligenciar nenhum processo, todas as suas campanhas irão gerar dinheiro passivo durante anos.

Aqui estão os passos para criar uma campanha de marketing rentável em nichos de mercado:

1) Deve primeiro escolher um nicho de mercado no qual trabalhar. Um nicho é um grupo de indivíduos, incluindo novas mães, pais solteiros, proprietários de gatos, recém-casados, e muitos outros. Certifique-se de que conhece os desafios que os indivíduos desse segmento enfrentam e se estão dispostos a gastar dinheiro para os enfrentar.

2) Inscrever-se num serviço de autoresponder e comprar um nome de domínio. Isto custar-lhe-á pouco mais de 30 dólares, mas é tudo o que realmente precisa, e recuperará esses fundos no prazo de uma semana ou mais.

3) Prepare a sua página de squeeze, que tem o seu formulário de opt-in e oferece um guia ou livro electrónico gratuito em troca de um endereço de correio electrónico.

4) Agora, prepare o livro electrónico gratuito e os dois livros electrónicos que pretende vender a troco de dinheiro. Escreva três guias de 10 a 20 páginas que estejam repletos de informações úteis. Cada um dos seus guias deve abordar um assunto específico que o seu público-alvo enfrenta.

5) Componha 10 a 15 e-mails de seguimento. As poucas mensagens de correio electrónico iniciais devem conter apenas conteúdo gratuito e valioso; uma de cada quatro mensagens subsequentes pode ser uma mensagem promocional para os seus assinantes.

É precisamente assim que irá gerar lucros: vendendo os seus artigos a indivíduos que confiam em si.

6) Escreva pelo menos vinte artigos que liguem à sua página de squeeze e distribua-os a directórios de artigos. Isto irá garantir que continuará a receber tráfego durante anos.

Agora que já o montou, vá descansar ou construa outro!

Se fizer um bom trabalho de construção rápida da sua lista, começará a ganhar dinheiro na semana seguinte. O melhor aspecto é que é um rendimento inteiramente passivo!

6. ESCRITA FREELANCE.

Sim, a escrita freelance na Internet pode ser uma profissão lucrativa. Se a escrita é a sua paixão e o seu talento, pode ganhar dinheiro extra online. Basta ter em mente algumas recomendações essenciais para identificar as oportunidades lucrativas que lhe permitirão ganhar uma quantia substancial de dinheiro online.

Se estiver interessado em localizar estas oportunidades online, aqui ficam alguns conselhos sobre como fazê-lo e como ganhar dinheiro com a escrita online freelance.

- Criar material do website para compensação. O conteúdo é crucial na era da Internet, onde praticamente todas as empresas, empresas, e mesmo indivíduos desejam os seus sítios web.

Estes proprietários de sítios web não conseguem acompanhar a taxa de actualização frequente do material dos seus sítios web. Só é necessário aprender algumas tácticas de optimização de motores de busca se tiver talento para escrever para obter contratos de escrita de conteúdos em linha.

- Escrever artigos. Os artigos são componentes essenciais da web. Na realidade, como o marketing de artigos se tornou um método rentável para promover negócios e artigos em linha, escrever artigos também se tornou uma actividade muito procurada em linha. Pode escrever e vender artigos ou descobrir empresas ou indivíduos online que lhe pagarão para criar artigos para eles.

- Explore os mercados de emprego em linha. Tipicamente, estes mercados permitem aos escritores freelance concorrer a tarefas de escrita ou oferecer as suas capacidades a empregadores e empresas que procuram conteúdos de qualidade de escritores freelance. Ambas as partes podem decidir um preço antes do início da tarefa, e receberá o pagamento após completar os seus projectos de escrita. Pode também descobrir perspectivas de escrita freelance online visitando mercados de trabalho online.

- Escrever cópias de anúncios. Também pode escrever cópias de anúncios para empresas, se for competente na língua de vendas. De facto, cópias de anúncios bem escritas são procuradas online devido à proliferação de anúncios online e à tendência das empresas a deslocarem as suas operações online. Aproveite esta necessidade e ganhe dinheiro com a criação de cópias de anúncios.

- Comunicados de imprensa dos autores A redacção de comunicados de imprensa é uma alternativa adicional para os escritores freelancer em linha. Esta pode também ser uma componente dos esforços de marketing das empresas e das empresas. Por conseguinte, também se pode obter dinheiro com estes projectos de escrita.

- Escrever um eBook. Se tem uma paixão pela escrita e outra área de especialização, pode publicar um livro electrónico e vendê-lo online. Os livros electrónicos têm sido um dos produtos digitais mais populares vendidos online, e na perspectiva do autor, é também um dos produtos mais rentáveis que pode vender online. Ao vender livros electrónicos, não precisa de considerar as taxas de impressão e publicação, que estão entre os aspectos mais caros da venda dos seus livros. Com eBooks, pode vender directamente sem se preocupar com a distribuição, pois os clientes podem sempre descarregar o conteúdo em linha.

7. BLOGGING.

Ganhar dinheiro com blogs é a abordagem mais eficaz para começar a ganhar dinheiro online semanalmente. Há uma grande ambiguidade quando se tenta determinar a estratégia ideal para rentabilizar um blogue. Senti-me obrigado a escrever um ensaio para informar qualquer pessoa que procure estabelecer um blogue e começar a ganhar dinheiro.

Escolher um nicho para um blogue é o primeiro passo para ganhar dinheiro através do blogue. Um nicho é simplesmente um sinónimo de um mercado. Essencialmente, deve seleccionar um tópico sobre o qual se sinta à vontade para escrever um blogue. Um tópico que lhe entusiasme ou pelo menos lhe interesse é uma excelente escolha.

O segundo passo é seleccionar uma plataforma de blogging. Uma plataforma de blogging é um software que irá utilizar para criar e manter um blogue de um sítio web. Excelentes plataformas são blogger blogs e WordPress.

Aconselho-o a ler resenhas e a seleccionar a melhor plataforma para si. Recomendo-lhe que execute o seu blogue em vez de utilizar um serviço de alojamento gratuito. Ganhar dinheiro com blogues requer a maior flexibilidade possível, e ter o seu blogue proporciona-lhe isto.

O terceiro passo é povoar o seu blogue com conteúdo suficiente. O conteúdo do seu blogue é a informação que apresenta. Hoje, pode submeter esta informação em formato textual, áudio, ou vídeo. Pode fazê-lo você mesmo, contratar um freelancer, ou configurar feeds RSS para alimentar automaticamente o seu blogue com conteúdo.

O quarto passo é rentabilizar o seu blogue através de páginas de revisão afiliadas e anúncios do Google Adsense. Este é um excelente método para obter dinheiro com a criação de blogues. Nem sequer é obrigado a vender o seu produto.

Pode encontrar muitos programas de afiliação ligados à sua especialização e obter rendimentos consideráveis a partir de artigos e programas de rendimentos residuais. Pode integrar AdSense no seu site para gerar receitas adicionais; o melhor é que é completamente gratuito.

O quinto passo é gerar tráfego para o seu blogue. Métodos de tráfego gratuito, tais como optimização de motores de busca, comentários no blogue, troca de links, marketing de artigos, marketing de fóruns e redes sociais podem fazer maravilhas para o tráfego do seu sítio web.

Assim que o seu blogue receber tráfego consistente e produzir dinheiro, deverá criar um novo. Uma vez concluído o processo pela primeira vez, descobrirá que ganhar dinheiro com blogs é bastante simples.

8. MARKETING NA INTERNET.

O marketing na Internet é uma das formas mais rápidas de ganhar dinheiro online. Isto não se aplica à sua própria promoção, mas sim ao seu marketing para outras empresas.

- Pode fazer isto se estiver familiarizado com alguns processos de marketing na Internet. O espantoso é que muitas destas formas ou são gratuitas ou baratas. Por exemplo:

- Pode criar um blogue para um negócio, contribuir para ele e utilizá-lo para gerar links para o seu website.

- Pode ganhar-lhes novos clientes criando uma página de rede social para eles em um ou mais sites de rede social.

- Ao publicar em grupos e fóruns, pode aumentar o número de ligações de entrada para o seu sítio web.

- Pode fazer marketing de artigos em seu nome para conduzir o tráfego para o seu sítio web.

- Pode tratar de campanhas do AdWords.

- Pode escrever comunicados de imprensa para aumentar o tráfego para o seu sítio web e para o seu negócio.

Há muitas maneiras de garantir o sucesso dos seus clientes. É maravilhoso que estas tarefas possam ser concluídas rapidamente. Pode completar uma quantidade substancial de tarefas de marketing numa semana, o que lhe permite ganhar dinheiro rapidamente.

Pode providenciar um depósito adiantado e o saldo após a conclusão. Isto coloca os fundos necessários na sua posse imediatamente. Para obter o restante, deve completar o trabalho, pelo que não se esqueça de apresentar resultados.

Como pode ver, o marketing na Internet tem o potencial de gerar receitas substanciais. Pode criar um escritório em casa e fazê-lo frequentemente porque as pessoas e as empresas procuram continuamente formas baratas de promover os seus negócios.

Tente o que fiz se precisar de dinheiro imediatamente ou dentro de uma hora. Estou a ganhar mais dinheiro hoje do que ganhava no meu negócio anterior, e você também pode, se clicar no link abaixo e ler a incrível história verdadeira. Suspeitei durante apenas dez segundos após a minha adesão, antes de saber o que era isto. Também estará a ser teletransportado de orelha a orelha, uma vez que eu estava.

9. MARKETING EM VÍDEO.

Nos últimos anos, muito tem sido escrito sobre o significado de acrescentar o marketing em vídeo ao seu arsenal de marketing na Internet. Isto faz sentido porque o vídeo marketing é agora eficaz e pode ser uma forma fantástica de gerar dinheiro rápido todas as semanas. Vamos explorar os três passos que são mencionados abaixo.

Crie um vídeo promocional para o seu produto. Pode querer comercializar um produto ou serviço, e criar os seus vídeos é um óptimo método. Isto não é tão difícil como as pessoas acreditam. Necessita de uma câmara de vídeo e microfone de baixo custo. Pode ver vídeos instrucionais sobre como fazer isto no YouTube.

Em alternativa, pode utilizar uma aplicação de criação de filmes como Animoto. Constrói essencialmente um vídeo de apresentação de diapositivos com imagens e palavras. Esta é uma ferramenta fantástica porque pode adicionar música e carregar os seus vídeos directamente para o YouTube e outros sites de partilha de vídeos.

O retalhista cria o vídeo. Muitos programas aos quais pode aderir para ganhar dinheiro apresentam agora filmes promocionais.

Os vídeos podem ser adicionados a um website ou blog já existente. Pode colocá-los numa página de destino, conduzir os visitantes a essa página e permitir que o vídeo promova o seu produto ou serviço.

Este método tornou-se prevalecente no marketing de afiliados e no marketing de rede. Com estas estratégias comerciais, vende produtos ou recruta indivíduos para vender produtos em seu nome.

A sua concentração é sobretudo na geração de leads. Os vídeos já foram produzidos pela empresa que representa. Isto permite-lhe concentrar-se no marketing e na utilização das ferramentas e recursos que eles dão.

Ofereça um serviço de produção de vídeo. Se achar que gosta de gerar vídeos, há um vasto mercado para os seus talentos que está agora inexplorado.

Pode torná-lo tão elaborado ou tão simples quanto desejar. Por exemplo, no marketing empresarial local, pode visitar uma empresa, tirar fotografias, sentar-se e escrever texto, e depois editar tudo num vídeo que pode ser carregado no website da empresa.

Actualmente, praticamente qualquer comerciante da Internet poderia utilizar a assistência para criar vídeos e carregá-los para o YouTube. A prestação de um serviço de marketing em vídeo manter-lhe-á tão ocupado quanto desejar e será de grande valor para os seus clientes.

Estes são três métodos para ganhar dinheiro através do marketing em vídeo. Pode ser tão criativo quanto quiser e ganhar dinheiro fazendo isto em part-time ou mesmo a tempo inteiro.

É essencial aderir a uma tendência no seu início e "cavalgar a onda". Assim, pode elaborar o seu plano de acção e campanha de vendas e maximizar os seus lucros. Deve procurar revendedores que ofereçam o que necessita a preços razoáveis. Nada no mundo é sem custos.

Pode ser demorado procurar na Internet por tutoriais em vídeo, mas existe um atalho. Apenas precisa de ser localizado.

É impossível exagerar o efeito dos vídeos num website. O que gostaria de fazer: ler um sítio de texto com 300 palavras ou ver um vídeo de 10 minutos demonstrando como realizar algo passo a passo? Se for como eu, a segunda opção será aplicada.

Pode explicar tudo verbalmente durante todo o dia, mas obtê-lo-ei imediatamente se o demonstrar. Lembre-se que uma imagem vale mais que mil palavras, e se essa imagem for animada, tanto melhor.

Imagine descobrir um recurso que lhe oferece, por assim dizer, uma "perna levantada". Ele começa nas vendas e gera rendimentos enquanto se estuda. Isso é muito melhor! Existem sites especiais e promocionais; devem ser descobertos.

10. PHOTOSHOP.

Há formas simples de ganhar dinheiro rapidamente. Basta saber onde procurar e perceber que pode usar as suas capacidades para ganhar uma quantia substancial de dinheiro. A utilização do Photoshop é uma abordagem fantástica para ganhar dinheiro rapidamente.

Isto acontece porque as pessoas estão dispostas a pagar por gráficos atractivos. Pode fazer pincéis, que são actualmente muito populares na Internet. Pode examinar o que está disponível na Internet e compilar a sua colecção.

As pessoas compram-nas em massa. Seria melhor se simplesmente se promovesse a si próprio. Há alguns websites para os quais pode comercializar. Poderá mesmo negociar com websites de fotografia de stock.

Também pode ganhar dinheiro usando o Photoshop, criando a sua loja online e vendendo imagens lá. Pode começar a sua loja online dentro de um dia e vender as suas obras de arte dentro de uma semana. Pode até participar em concursos de design gráfico que oferecem prémios lucrativos para os melhores trabalhos. Se tiver alguma criatividade com Photoshop, esta é uma técnica fantástica para realizar a tarefa.

Como pode ver, é possível gerar receitas a partir de algo que já possui. As imagens são populares na Internet. As pessoas também precisam delas para os seus blogs, websites, e publicações impressas. Pagarão por elas para as utilizar. Apaixonar-se-ão por uma imagem fantástica quando a virem.

Tente o que fiz se precisar de dinheiro imediatamente ou dentro de uma hora. Estou a ganhar mais dinheiro hoje do que ganhava no meu negócio anterior, e vocês também podem, se clicarem no link abaixo e lerem a incrível história verdadeira. Suspeitei durante apenas dez segundos após a minha entrada, antes de saber o que era isto. Também estará a ser teletransportado de orelha a orelha, uma vez que eu estava.

11. FOTOGRAFIA DE STOCK.

Muitos indivíduos trabalham principalmente para ganhar dinheiro, mas isto pode não lhes proporcionar felicidade. No entanto, alguns têm a sorte de ganhar dinheiro perseguindo o seu amor. Um destes métodos é a fotografia. Alguns fotógrafos receberam formação profissional.

Tipicamente, são filiados numa agência ou trabalham de forma independente. Mas há muitos mais, como você e eu, que simplesmente gostam de fotografar pessoas, objectos, e eventos. Aqui está a sua oportunidade de ganhar dinheiro com o seu passatempo. O universo das fotografias de stock é seu para explorar.

Antes de discutirmos como gerar dinheiro com este passatempo, vamos examinar o que é a fotografia de stock. É a disponibilidade de fotografias licenciadas para determinados usos. Poderá ficar surpreendido com a procura de fotografias de stock. Os designers gráficos e de websites, as agências de publicidade online, e as empresas editoras exigem-nas.

O melhor da fotografia de stock é que não precisa de ser hábil para ganhar dinheiro com ela. Tudo o que é necessário é uma paixão pela fotografia misturada com imaginação. Gradualmente, irá desenvolver a capacidade de se publicitar com sucesso e, como resultado, ganhar dinheiro!

Alguns indivíduos podem argumentar que a fotografia de stock paga pouco por imagens individuais. Contudo, aqueles que se queixam disto vêem-na como uma situação em que "o copo está meio cheio". É verdade, as fotografias de stock podem ser compradas por tão pouco quanto $1. No entanto, a realidade é que numerosos indivíduos podem utilizar uma determinada fotografia.

Combine isto com o facto de que a mesma imagem pode ser carregada em muitos websites. Um cálculo rápido revela que esta é uma forma segura de ganhar uma bela soma! Hoje em dia, alguns indivíduos podem ganhar a vida com a fotografia de stock, devido ao seu enorme potencial de ganhos.

Agora, como se pode exactamente ganhar dinheiro com a fotografia de stock?

Aqui estão algumas sugestões para começar. A criação de uma colecção original de imagens é o passo inicial mais óbvio. Tente integrar um sentido de originalidade nas imagens e perspectivas que capta.

Deve considerar a amplitude da sua colecção pretendida. Alguns indivíduos preferem especializar-se num tópico específico e tornarem-se fornecedores de nicho. Outros querem cobrir uma vasta gama de tópicos. A sua decisão é da sua inteira responsabilidade.

O próximo passo para ganhar dinheiro com fotografia de stock é criar uma conta online com websites de fotografia de stock. As empresas de fotografia de stock são empresas que aceitam imagens de uma variedade de fotógrafos, incluindo amadores e hobbistas.

Têm um modelo de negócio de baixo preço e de alto volume. ShutterStock.com, BigStockPhoto.com, Fotolia.com, 123rf.com, e Dreamstime.com estão entre os mais renomados websites de microstock. Com alguns deles, é possível criar uma conta.

Depois disto, é criada uma pasta de exemplo. Esta é a sua oportunidade de demonstrar o seu talento e de ser escolhido. Seleccione algumas das suas melhores imagens e carregue-as. Aqui está uma dica útil. Assegure-se de que os títulos das imagens que publica são concisos e pertinentes. Isto pode ajudar as pessoas que procuram imagens a localizar rapidamente as imagens relevantes.

Se quiser ganhar dinheiro com fotografia de stock, deve rever as directrizes para cada sítio de microstock. Estas regras regem o tipo de imagens que podem ser publicadas, as suas dimensões, qualidade técnica, e viabilidade comercial.

O objectivo é carregar um grande número de imagens de alta qualidade. Isto melhorará a probabilidade de as suas imagens serem escolhidas e também o ajudará a alcançar o seu objectivo de ganhar dinheiro. Continue a adicionar imagens adicionais à medida que o tempo passa. Em breve perceberá que o seu hobby se tornou uma fantástica fonte de rendimento.

12. CRAIGSLIST.

Se está à procura de dinheiro rápido, o meu primeiro conselho seria vender no eBay. O eBay provou ser a forma mais simples de ganhar dinheiro online, seguido de apostas desportivas de arbitragem e marketing de afiliação ou de rede. Se quiser gerar um rendimento substancial e sustentado que possa substituir o seu rendimento actual, o marketing de afiliação ou de referência é o caminho a seguir.

À luz do anterior, vou mostrar-lhe uma forma prática de começar a ganhar dinheiro imediatamente neste posto. Os estudantes universitários utilizaram este método para alcançar rendimentos semanais superiores a 300 dólares. Podem ganhar pelo menos 500 dólares semanais utilizando-o, se estiverem a falar a sério.

Precisará da Craigslist e de uma conta eBay para utilizar plenamente esta técnica. Irá utilizar a Craigslist para obter produtos com desconto para a taxa de entrada no eBay, e depois proceder à compra dos mesmos no eBay.

Muitas das coisas na secção Craigslist's para venda são afixadas pelos vendedores com pressa para se livrarem das suas coisas. Eles tentam vender os artigos no eBay, uma vez que não podem esperar. Esta semana, precisam de dinheiro para facturas, renda e comida. Porque precisam de dinheiro imediatamente, muitos indivíduos estão dispostos a vender câmaras digitais e outros produtos electrónicos de preço elevado por muito menos do que o preço pedido pelo eBay.

A electrónica é segura, mas pode visar qualquer categoria de mercadoria à sua escolha. O primeiro passo é criar uma conta no eBay e começar a acumular créditos. Mantenha-se a par da taxa de entrada para os produtos que deseja adquirir.

Digamos que uma determinada marca de câmara digital vende por 200 dólares no eBay, mas é anunciada por 180 dólares na Craigslist. Contacte o vendedor e diga: "Ei, estou disposto a pagar $150 por ela hoje; vamos encontrar-nos no vizinho Berger King".

Mais de cinquenta por cento das vezes, eles aceitam a oferta. A maioria destas pessoas está desesperada por dinheiro, por isso não se importarão de perder vinte ou trinta dólares se a oferecerem hoje.

Apontem para três a cinco compromissos diários. Um conselho: seja inteligente. Em circunstância alguma deve encontrar alguém na sua residência, entrar na sua casa ou deixá-lo entrar no seu carro. Encontre-se sempre num local público, tal como McDonald's, KFC, ou Bergen King. Este plano existe há muitos anos e continuará a ser eficaz para quem procura formas simples de criar dinheiro.

13. SERVIÇO DE ENTREGA.

O estabelecimento de um serviço de entrega é uma alternativa viável que pode gerar rendimentos rapidamente. Pode tornar isto mais particular, tal como um serviço de entrega de roupa suja se assim o desejar, ou pode fornecer serviços de entrega genéricos para tudo o que os clientes precisarem. Quer esteja a entregar uma ceia familiar ou uma cama nova, não há praticamente nenhum limite para a variedade de artigos que pode fornecer.

É uma excelente alternativa, uma vez que, dependendo da sua entrega, poderá provavelmente trabalhar na sua agenda. Por exemplo, se transportar mobiliário, pode marcar encontros aos fins-de-semana ou à noite, quando estiver disponível. Só precisa de colocar alguns anúncios. Mesmo fóruns gratuitos, tais como CraigsList.org, permitem-lhe anunciar os seus serviços gratuitamente na maioria dos locais.

Só pode decidir aproveitar esta oportunidade durante algumas semanas se estiver apenas à procura de formas rápidas e simples de ganhar dinheiro a curto prazo. No entanto, é também uma excelente forma de poupar para umas férias ou presentes de férias a longo prazo.

Experimente o que fiz se precisar de dinheiro imediatamente ou dentro de uma hora. Estou a ganhar mais dinheiro hoje do que ganhava no meu negócio anterior, e você também pode

14. DESENVOLVIMENTO DE UM FUNIL DE VENDA SECRETO.

Nesta secção, dar-lhe-ei outros conselhos sobre como gerar dinheiro online utilizando um funil secreto de vendas.

Utilizar a sua série de autoresponder para ganhar dinheiro online em piloto automático é o primeiro conselho.

Combinar marketing afiliado e e-mail marketing é a abordagem mais simples para o conseguir. Criar uma série de mensagens de autorresponder durante três meses, seis meses, um ano, ou mesmo dois anos.

Preencha o seu autorresponder com conteúdos ou séries intemporais. Ao fazê-lo, elimina a necessidade de actualizar novamente o texto do autorresponder. Certifique-se de que o produto que está a promover é também um produto sempre verde.

Assim que tiver o seu produto e séries de correio electrónico, pode começar a construir a sua lista de correio. As suas vendas funcionarão automaticamente. Permita-lhe fechar negócios e gerar rendimentos para si. Certamente, esta é uma forma legítima de ganhar dinheiro online. Irá gerar um rendimento estável durante um período muito longo.

Mostrar que se preocupa com os seus leitores ou assinantes.

Acabo de demonstrar que esta é a verdadeira técnica para fazer dinheiro online. No entanto, não deve ver os seus subscritores como máquinas de fazer dinheiro em miniatura. Quando as pessoas virem isto, anularão imediatamente a sua subscrição da sua lista de correio.

Deve demonstrar cuidado com os seus leitores ou subscritores. Dê-lhes banho de compaixão. Deixe-os saber que reconhece a sua situação difícil. Deseja honestamente ajudá-los a resolver a questão.

Quando aderiram à sua lista de correio, os seus subscritores tinham certas expectativas em relação ao tipo de informação que receberiam. Por conseguinte, deve cumprir as suas promessas anteriores a eles.

Entregue o boletim semanal, se o tiver prometido. Se lhes prometer algo de graça, deve entregá-lo. Os assinantes insatisfeitos deixarão de ler os seus e-mails ou anularão totalmente a sua subscrição.

Aqui está o que deve enfatizar na sua campanha de e-mail:

Empatizar com a situação dos subscritores;

Promover apenas coisas de alta qualidade; ao realizar revisões de produtos, deve ser honesto; e ocasionalmente fornecer conselhos úteis aos seus subscritores.

Isto não irá gerar dinheiro rápido, mas é uma técnica legítima para ganhar dinheiro online. Ao fazê-lo, aumentará sem dúvida a confiança, resultando em ganhos a longo prazo.

Mantenha os seus subscritores envolvidos nas suas comunicações.

O objectivo final de desenvolver uma lista de correio é estabelecer uma relação com os subscritores antes de a ver como um meio viável de ganhar dinheiro em linha.

Quando der um "isco" como "isco" para atrair um potencial cliente a inscrever-se na sua lista de correio, os assinantes apenas aceitarão o "isco" e deixarão de ler os seus e-mails.

O que deve fazer? Quando oferecer um "freebie" sem aviso prévio no seu primeiro correio electrónico, informe os seus subscritores de que mais "extras surpresa" estão a caminho. Em seguida, assegure-se de que envia as mensagens de borla aproximadamente uma vez por mês.

Isto irá manter a atenção dos subscritores. Eles irão abrir e ler as suas mensagens de correio electrónico. Como resultado, desenvolverá uma relação com os seus subscritores. Esta é uma excelente oportunidade para lhes vender outros produtos afiliados.

Agora, vê esta oportunidade legítima de fazer dinheiro em linha? Simplesmente converta um "buscador de dinheiro livre" numa pista lucrativa.

Combinar marketing por correio electrónico e marketing de afiliação e criar outros valores para os seus subscritores, construindo confiança e relações, é a chave para ganhar dinheiro online. Aplique os conselhos acima mencionados, e terá dinheiro na sua conta bancária.

15. A FAZER INQUÉRITOS PAGOS.

A realização de inquéritos é um dos métodos mais fáceis de obter dinheiro online. Deve ser uma das formas mais simples de ganhar outro dinheiro utilizando apenas um computador e ligação à Internet, dado o tempo mínimo de instalação e a falta de investimento inicial.

Como começar.

Utilize um site de selecção de sondagens gratuito e pago que fornece informações sobre cada programa de sítios de sondagens no seu país. Isto fornecerá outras informações sobre a idade mínima, o montante pago por sondagem, e o método de pagamento (em dinheiro ou vouchers).

Uma vez identificados alguns sites respeitáveis que fornecem recompensas em dinheiro ou vouchers, inscreva-se para cada um deles e valide o seu endereço de correio electrónico. Pode ter descoberto cinco ou mais sítios nos quais se registar, e pode demorar horas a completar cada perfil. Assim, obtenha a sua bebida preferida e instale-se no seu computador.

Após inscrever-se, confirmar e preencher o perfil, é provável que já tenha acumulado algum dinheiro ou pontos. Estes pontos são equivalentes ao montante em dinheiro indicado no website. Nos próximos dias, deverá começar a receber muitos convites por correio electrónico para participar em inquéritos pagos.

Se encontrar um que lhe agrade, clicando no link irá levá-lo para o website onde o questionário da sondagem está alojado. A partir deste ponto, pode ter muitas ou centenas de perguntas a responder. Quanto mais longa for a sondagem, mais compensações são dadas pelos sítios de sondagens.

Para além dos convites para inquéritos a dinheiro, receberá convites para sorteios de prémios a dinheiro. Estes não devem ser negligenciados por duas razões: uma ligeira possibilidade de ganhar e de os completar torna-o um candidato desejável para futuras sondagens.

Quanto mais inquéritos completar agora, mais oportunidades terá no futuro e maiores serão as suas hipóteses de ganhar um desses prémios, por mais improvável que seja.

Após completar algumas sondagens pagas em dinheiro em cada site que escolher mais cedo, terá acumulado uma quantidade substancial de dinheiro ou pontos. Uma vez atingido o seu limite mínimo de pagamento, poderá solicitar o pagamento por cheque e, ocasionalmente, por PayPal. Alguns deles transmitem o pagamento no final de cada mês automaticamente.

Assim, trabalhou arduamente e respondeu a muitas perguntas relativas a coisas que utiliza, produtos que aprecia e serviços que encontrou; qual é a sua recompensa?

Após algumas semanas de digitação e clique, poderá abrir um envelope com um cheque no valor de $10 a $50 ou £10 a £50. Se tiver muita sorte em ser seleccionado aleatoriamente, poderá ganhar $10.000 ou £5.000 em prémios monetários.

Fazer pesquisas pagas é a forma mais simples de ganhar dinheiro online. É gratificante e proporciona-lhe a rara oportunidade de influenciar as maiores empresas do mundo.

16. PRODUTOS COM MARCA DE DISTRIBUIDOR.

Os produtos com marca própria são a abordagem mais eficaz para ganhar dinheiro sem o seu produto. Os produtos de marca própria são, em resumo, produtos fabricados por uma empresa mas vendidos sob marcas diferentes.

O conceito pode ser algo desconcertante, por isso permitam-me que o explique. Considere que o fabricante A produz ecrãs de computador. Este fabricante produzirá ecrãs de computador para qualquer pessoa, mas cada ecrã deve ser idêntico.

Depois, empresas como a Sony ou Toshiba encomendarão produtos ao fabricante A, mas oferecê-los-ão como produtos Sony ou Toshiba. A realidade é que eles são os mesmos produtos, mas devido à marca, podem ser capazes de cobrar preços diferentes.

Desde que o produto seja de grande qualidade, ninguém se incomoda se as empresas se dedicarem a esta prática. A Sony e a Toshiba não fazem isto para grandes projectos, mas pode apostar que o fazem para os mais pequenos. Como é que, então, lucram com isto?

Pode promover e vender os seus produtos de marca privada em sites como o eBay. Os livros electrónicos são provavelmente os produtos com marca de distribuidor mais fáceis de comercializar. Basta criar uma nova capa e indicar que é o autor e que está tudo pronto. Normalmente, deve adquirir os direitos sobre estes livros electrónicos, que podem custar desde alguns dólares até muitos milhares de dólares.

Tudo se resume à qualidade dos livros electrónicos. Seria melhor se não estivesse tão preocupado com a qualidade, pois normalmente pode lê-los antes de os adquirir. Basta ter a certeza de que tem o direito de os vender, ou pode encontrar-se a olhar para o cano da espingarda de um advogado.

Se não gostar de vender os produtos de outras pessoas, pode produzir os seus próprios produtos e vender direitos de marca própria. Não seria fantástico se milhares de pessoas se aproximassem de si para comprar o seu produto? Não receberia uma comissão por cada venda, mas se cobrasse 100 dólares por alguém para vender o seu livro electrónico e o reivindicasse como seu, não seria tão horrível.

Mesmo que escrevesse apenas um livro electrónico por semana, só precisaria de vender os direitos a sete ou oito indivíduos para que fosse rentável. A maioria dos indivíduos que compram um livro nem sequer o lêem; eles só querem ver sinais de dólar, e você deve ficar bem com isso.

Contudo, não tem de se limitar aos livros electrónicos; pode criar e vender diferentes produtos digitais e físicos de marca própria. Apenas aconselhei as versões digitais porque a sua reprodução é gratuita. Eu começaria a vender estes produtos de marca de distribuidor em formato digital antes de avançar para formatos maiores.

No entanto, se quiser ganhar dinheiro, deve começar a marcar os seus produtos. Crie um nome de empresa que possa carimbar em todos os seus artigos para que os consumidores associem gradualmente o seu nome à qualidade.

Que dispositivo MP3 preferiria se pudesse escolher entre um iPod e um leitor de MP3 de cor diferente que não tivesse o nome iPod? Uma vez que os indivíduos só podem ver a superfície dos produtos, por vezes desconhecem que estes são idênticos. A única coisa que lhes interessa é que tenham um iPod e não um leitor de MP3 normal, mesmo que possam ser idênticos.

Ao produzir produtos de marca própria, a marca pode ser uma ferramenta muito eficaz. Não importa se quer vendê-los ou fazê-los, porque há amplas oportunidades de lucro. A estratégia mais rentável para vender produtos de marca própria é escolher uma e ficar com ela.

17. VENDA DE OBRAS DE ARTE.

Já alguma vez se perguntou como pode capitalizar as suas capacidades artísticas para produzir outro dinheiro para a sua família?

A minha capacidade de "pensar fora da caixa" foi testada sempre que o meu rendimento diminuiu, seja devido a recessões, à crise financeira global, ou a flutuações gerais do mercado. Após uma extensa pesquisa e tentativa e erro, elaborei três estratégias para o ajudar a ganhar dinheiro com o seu trabalho, se as puser em prática.

Formas inteligentes de lucrar com a sua arte.

- Venda os seus trabalhos artísticos online e receba royalties durante anos.

- Vende as tuas lições de arte a estudantes interessados em aprender "como fazer".

- Outros vendem o teu trabalho artístico e aulas de pintura.

Então como é executado?

1. Venda as suas obras de arte online e receba anualmente royalties.

Esta é a minha via favorita Smart Way No. 1, uma vez que o retorno está em curso; recebo mensalmente cheques de royalties pelo trabalho concluído há mais de 10 anos. Esta é uma técnica muito inteligente para ganhar dinheiro com o seu trabalho artístico, mas deve saber o que está a fazer para garantir o sucesso.

Quem me pagará pela minha arte?

O que são Mercados?

Deve primeiro determinar quais os mercados susceptíveis de estarem interessados no seu trabalho artístico. Gosta de criar paisagens? Ou de animais? Ou de personagens animadas? Ou carros e bicicletas? Ou Nus? Ou é mais abstracto? Ou caricaturas?

Cada uma destas tem mercados distintos que podem ser utilizados para gerar royalties durante décadas. Alguns distribuidores deste tipo de arte são empresas de puzzle, fornecedores de papel de parede para computadores e telemóveis, e empresas de artigos para o lar.

Cada um destes sectores distintos depende de artistas criativos e inovadores como você para desenvolver outros "PRODUTOS" para eles. De facto, você é o criador do produto, enquanto eles são os comercializadores do produto. É assim que funciona.

2. Venda as suas Lições de Arte Online.

Agora a recomendação óbvia é construir um website e montar um carrinho de compras, e estará no seu caminho para o sucesso, mas se fosse assim tão simples, não o estariam todos a fazer? De facto, não é isso que pretende fazer. Distinguir-se-á da multidão e terá estudantes a subir para pagar as suas propinas para sempre ou enquanto a sua instrução artística permanecer popular.

Então, como isto será realizado?

Todos gostam de observar, correcto? Gostam de observar os outros a recolher sugestões sobre como estão a fazer a sua magia. Independentemente da sua inclinação, se dominou a sua profissão, pode gerar interesse em aprender as suas técnicas com esta metodologia simples e sem custos.

A) Crie uma conta no YouTube.

B) Documentar-se a criar arte.

C) Carregue algumas lições introdutórias em vídeo no YouTube.

Uma vez carregado o seu trabalho artístico no YouTube e em todos os outros grandes sites de partilha de vídeos, monitorize o tráfego para o seu site para mais informações. Alguns dos meus filmes já receberam cinquenta mil visualizações em menos de um ano.

Esta é uma quantidade significativa de tráfego direccionado para o seu website, e as ofertas "Filmes completos em DVD entregues à sua porta por $39,95" e "ebook quick download version for $29,95". Eu tenho "Como fazer. Produtos" que têm sido vendidos praticamente diariamente nos últimos meses, e a melhor parte é que o mercado é estável apesar da economia instável.

3. Faça outros venderem a sua arte e lições de arte!

Esta é também uma técnica inteligente popular para gerar dinheiro online através da venda de arte. Criar obras de arte, como no Exemplo 1, e vender propinas, como no Exemplo 2, prepara-o devidamente para este próximo passo: recrutar AFILIADOS para vender as suas obras de arte em seu nome.

Um vasto exército de pessoas que vendem produtos em linha a audiências acede frequentemente aos websites que controlam. Passam a maior parte do seu tempo a gerar conteúdos para blogues, a responder a publicações em fóruns e a manter o website, deixando-os com pouco tempo para criar arte como você e eu.

Portanto, os indivíduos com tráfego no website (muitos websites populares recebem diariamente dezenas de milhares de visitantes únicos) estão numa posição privilegiada para vender a sua mercadoria, obras de arte por encomenda, e produtos de arte "como fazer".

Muitos afiliados que promovem os meus livros electrónicos só são compensados se gerarem uma venda. Sem férias pagas ou licença por doença, e apenas comissão sobre as vendas - esse é o meu tipo de mão-de-obra! Não há nada maior do que isso.

Pode abordar centenas de proprietários de websites com o seu "papel de parede de celebridades mais vendidas esta semana" e pedir-lhes que o vendam em seu nome por uma comissão. Não há limitações a estas regiões ricas, e com a sua criatividade artística selvagem, faria bem em seguir estas três estratégias sagazes da Internet para lucrar com a sua arte.

18. PODCAST.

Como deseja lucrar com o seu podcast? Como podcaster, a possibilidade do seu podcast produzir receitas é outro benefício. Como podcaster, não tem de se preocupar com os elevados custos gerais, e a maior parte das receitas do seu podcast serão lucros.

Há três formas primárias de gerar receitas com um podcast.

1. Gerar receitas de patrocinadores comerciais.

O patrocínio de podcasts comerciais é uma das formas mais eficazes de criar dinheiro para o seu podcast. Se conseguir assegurar um patrocinador significativo, o seu podcast pode gerar dinheiro substancial. As grandes corporações começam a compreender o verdadeiro valor do podcasting à medida que o tempo passa.

Paige e Gretchen, duas mães da Virgínia, reconhecem a relevância dos patrocinadores comerciais. Acolhem uma emissão semanal centrada nas mães chamada MommyCast. A Paige tem cinco filhos, enquanto a Gretchen tem dois.

Earthlink e Dixie são os dois principais patrocinadores do seu programa. Como resultado, obtêm rendimentos significativos através do patrocínio comercial do seu programa. Provavelmente não faziam ideia da popularidade do seu podcast quando o começaram a produzir. Contudo, Earthlink e Dixie viram o significado do seu programa e escolheram tornar-se patrocinadores. http://www.mommycast.com/

Se duas mães da Virgínia podem conseguir isto, então qualquer pessoa pode. Não faz qualquer diferença onde reside ou sobre o que pode transmitir. Se conseguir atrair uma audiência considerável, terá mais hipóteses de atrair grandes patrocinadores para o seu podcast.

O patrocínio comercial de podcasts é um método fantástico para estabelecer um fluxo de dinheiro substancial. Se conseguir assegurar um grande patrocinador, poderá gerar rendimentos significativos como podcaster. Quando duas organizações influentes, Earthlink e Dixie, vêem o podcasting como um meio de alcançar potenciais clientes, esta é uma excelente notícia para todos os podcasters.

Quando um grande patrocinador faz publicidade na rádio tradicional, a emissão da estação de rádio é restrita a uma determinada região geográfica. Com o podcasting, no entanto, não há restrições geográficas. Qualquer pessoa com um computador ou leitor de MP3 pode ouvir o programa. Consequentemente, este é um excelente factor de venda para potenciais patrocinadores.

2. Gerar Rendimento através de Doações.

As doações são outro método para criar receitas com o seu podcast. Por exemplo, Adam Kempenaar e Sam Hallgren apresentam duas vezes por semana o podcast Cinecast de Chicago.

Eles avaliam vários filmes e apresentam os seus comentários. O seu podcast está rapidamente a ganhar popularidade e continua a expandir-se regularmente. http://www.cinecast.com/

Se visitar o iTunes, não notará que eles estão destacados no directório de podcasts. Este é um

benefício tremendo para a Cinecast.
http://www.apple.com/itunes/podcasts/

Adam e Sam decidiram rentabilizar o seu podcast, solicitando doações. No seu website, existe um botão PayPay que os ouvintes podem utilizar para fazer um pagamento ao seu podcast. O PayPal goza de uma reputação favorável e fornece um método ideal para receber donativos.

A apresentação de informação importante ao seu público fará com que ele aprecie os seus esforços e esteja mais disposto a contribuir. No entanto, a Cinecast poderá provavelmente obter patrocinadores nacionais ao longo do tempo.

À medida que se expande, as doações são um método maravilhoso para gerar dinheiro quando se inicia a podcasting.

3. Beneficie do seu website ou blogue.

O terceiro método de monetização do seu podcast é colocar anúncios no seu website ou blogue.

O Google AdSense é uma técnica para atingir este objectivo. AdSense insere anúncios no seu sítio web, e recebe uma compensação quando um utilizador clica num anúncio. https://www.google.com/adsense/

A utilização do Clickbank para promover diferentes produtos no seu website ou blog é outra opção para obter receitas. Pode comercializar mais de 10.000 produtos ClickBank como afiliado. A inscrição como afiliado no ClickBank é gratuita, e ganha comissões sempre que alguém compra um produto utilizando os links do seu sítio web. http://clickbank.com/

A chave para produzir dinheiro está a ganhar exposição para o seu podcast. Seria melhor informar os indivíduos sobre a sua existência para atrair uma enorme audiência. À medida que a sua audiência cresce com o tempo, também crescerá a oportunidade para os patrocinadores de negócios. O método mais eficaz para atingir este objectivo é submeter o seu podcast ao iTunes e a outros directórios de podcasts.

19. GOOGLE ADSENSE.

Há muitas maneiras de ganhar dinheiro com o Google AdSense. As técnicas típicas para gerar dinheiro com o AdSense foram experimentadas e testadas e provaram ser bastante eficazes. Muitos editores novos acreditam incorrectamente que o AdSense só pode ser implementado em websites e blogs. No entanto, existem muitos outros métodos para utilizar o AdSense.

No entanto, para funcionarem bem, necessitam frequentemente de uma preparação e investigação substanciais e podem levar consideravelmente mais tempo a preparar e montar. Um principiante total pode levar muitos meses de trabalho árduo para ganhar dinheiro usando AdSense.

Contudo, existem outras formas de ganhar dinheiro com o Google AdSense. AdSense expandiu-se desde o seu início e é agora um sistema Pay-Per-Click amplamente utilizado. Existem actualmente muitas formas de gerar dinheiro com AdSense na web. Algumas destas "técnicas alternativas" são novas e frequentemente precisam de menos tempo para serem implementadas e utilizadas.

Um dos métodos mais eficazes para utilizar AdSense está nos sites da web 2.0. Numa questão de dias, pode ser criada uma conta AdSense no Blogger (uma plataforma de blogues gratuita propriedade da Google), e se correctamente concebida, pode gerar receitas dentro de algumas semanas.

A sua utilização é incrivelmente simples e completamente gratuita. Não há custos de alojamento, taxas de nome de domínio, ou quaisquer outras taxas. Muitas editoras empregaram blogueiros para gerar receitas do AdSense com sucesso.

O mesmo é verdade para outros sítios Web 2.0, tais como HubPages, Xomba, e Squidoo. Todos eles são livres de aderir, e pode começar a ganhar com o Google AdSense assim que o seu primeiro conteúdo for publicado e for aceite no programa. É até viável colocar anúncios do AdSense nos seus próprios vídeos do YouTube.

Existem agora novas formas de utilizar anúncios dentro do AdSense que nem sempre precisam de utilizar websites. Ao utilizar AdSense para domínios, por exemplo, pode ganhar dinheiro com o Google.

Se tiver um domínio subdesenvolvido e algum espaço web vazio, pode colocar alguns anúncios do AdSense e ganhar um pouco de dinheiro com o tráfego residual do AdSense, exibindo alguns anúncios do AdSense. Isto só funciona com nomes de domínio extremamente populares, mas é possível utilizar esta parte subapreciada do programa AdSense.

Há muitas outras formas de ganhar dinheiro com o Google AdSense. Se é um novato, não deve apenas considerar os métodos habituais de utilização do plano. Para ter sucesso, deve aprender tudo o que puder sobre o seu potencial, e nunca se sabe; pode descobrir um nicho de mercado inexplorado que pode explorar para ganhar receitas com o AdSense.

20. ESTOQUES DE PENNY.

Não tem sido fácil gerar dinheiro rapidamente com stocks; descobrirá que há sempre obstáculos na estrada. O problema é tipicamente a dificuldade de localizar uma localização central para recolher informações precisas sobre muitas empresas com bolsas de valores.

Ao compilar uma lista de acções investíveis de alto valor, pode parecer impossível determinar por onde começar. No entanto, é um objectivo realizável; descobrir como.

A utilização de um serviço de recolha de acções é uma das melhores formas de ganhar dinheiro rapidamente com acções de um centavo. Quando encontrar um fornecedor profissional de serviços de selecção de acções, este irá oferecer-lhe uma desagregação semanal de uma base de dados baseada em programas informáticos, incluindo informações sobre muitas acções. Tipicamente, todas as análises técnicas devem ter sido concluídas, e ser-lhe-á fornecido o relatório final.

A utilização de um serviço de selecção de acções que lhe fornece um estudo completo de acções potencialmente valiosas tem muitas vantagens, incluindo as seguintes:

- Poupar-lhe-á o tempo e o esforço necessários para investigar tais acções lucrativas de forma independente.

- Uma vez que trabalha com fornecedores de serviços de selecção de acções especializados, pode aceder a muitos investimentos em acções potencialmente rentáveis.

- Tem simplesmente uma lista limitada de acções na moda, na qual pode investir com confiança.

- A análise fornecida foi criada e programada por um comerciante experiente.

Esta é uma das melhores estratégias para ganhar dinheiro rapidamente com acções, em vez de através de tentativa e erro em cada investimento.

21. FÓRUM.

Todos os dias, um número crescente de "Money Makers" junta-se ao fórum do dinheiro. Eles têm a visão e reconhecem uma vantagem potencial. Há muitas formas de ganhar dinheiro num fórum. Aqui estão algumas técnicas eficazes.

1) Publique conteúdos de qualidade e faça crescer a sua reputação!

Sem dúvida, esta é uma das melhores dicas para fazer dinheiro. Ao melhorar a sua reputação, promove indirectamente a amizade e a confiança. Ninguém confia o seu dinheiro ou tempo a quem não conhece bem. Partilhe os seus pontos de vista de boa fé.

Nunca faça uma promessa que não consiga cumprir. Desenvolva a confiança e a amizade, e em breve terá uma rede vasta e robusta. Em breve terá uma equipa de construtores a trabalhar consigo para gerar rendimentos online como um grupo. Os grandes parceiros comerciais são difíceis de descobrir, mas pode antecipar muitos anos de relações prósperas e grandes lucros, uma vez que o faça. O limite é o céu.

2.) Use a sua assinatura de fórum!

Utilize serviços de URL curtos como http://be8.biz para transformar a sua URL longa numa versão mais curta, permitindo-lhe exibir mais anúncios. O sistema de assinatura é integrado no fórum, e é livre de o utilizar. A maioria dos fóruns restringe o seu espaço de assinatura a 150 e 250 caracteres, por isso, assegure-se de que o aproveita ao máximo.

As assinaturas são uma forma eficaz de marketing. A maioria das pessoas clicará na assinatura de uma pessoa credível e provavelmente juntar-se-á ao programa que ele ou ela promove. Quanto mais postos tiver, mais provável é que os criadores de dinheiro vejam o seu anúncio de assinatura.

Actualize a sua conta no fórum para aumentar a sua exposição!

Por uma taxa justa, pode actualizar para uma inscrição paga em fóruns tais como http://www.Dreamteammoney.com. O seu nome de utilizador aparecerá numa cor diferente, e receberá também impressões de banners gratuitos. O seu nome será sempre visível na frente, gerando intrigas e aumentando a sua exposição.

As pessoas querem conhecê-lo e juntar-se ao programa ao qual se está a juntar para que possam ganhar dinheiro consigo. Em breve perceberá que a sua lista de mensageiros está a crescer, e conhecerá mais indivíduos que também estão interessados em ganhar dinheiro online, para que possa prosseguir este esforço com os seus amigos do fórum.

4.) Utilize fóruns para melhorar o seu PageRank e para ser rapidamente indexado pelos principais motores de busca.

Todos estamos conscientes de que as relações públicas podem aumentar o valor de um website. A maioria dos compradores favorece os sítios com um alto nível de relações públicas em detrimento daqueles com um baixo nível de relações públicas. Se o seu website ou blog recebe um índice ou uma classificação elevada de relações públicas de um fórum, isso irá impulsionar a sua classificação de relações públicas. Num fórum relacionado com dinheiro, observei sites com PR 1 que receberam PR 2 após apenas uma semana a serem indexados pelo SE.

Se os principais motores de busca não indexarem o seu sítio, publicá-lo num fórum com um alto índice de relações públicas e tráfego é uma das maiores soluções. Os principais motores de busca irão em breve indexar o seu sítio, levando a um aumento de visitantes indirectos. Na Internet, o tráfego é igual a dinheiro. A obtenção de excelentes visitantes (Moneymakers) é essencial para ganhar dinheiro online.

5.) Aproveite a perícia de outros génios criadores de dinheiro! Aprenda com os seus erros!

Muitos utilizadores do fórum têm todo o prazer em partilhar consigo os seus conselhos e conhecimentos. Por exemplo: se um membro lhe ensinar como poupar dinheiro de forma inteligente e se poupar mais $100 por mês ou $1.200 por ano, ganha indirectamente mais $1.200 num ano, e esse conhecimento, que é o seu bem, segue-o para sempre. Melhore sempre os seus conhecimentos, aprendendo com os conhecimentos. Muitos estão dispostos a partilhar as suas estratégias de fazer dinheiro, mas será que está disposto a recebê-los?

O conhecimento é igual a poder e riqueza. Dedique sempre tempo ao fórum para descobrir novas técnicas. Considere o fórum do dinheiro na sua universidade para ganhar dinheiro; muitos professores estão disponíveis para servirem como seu mentor.

Há muitas outras formas de ganhar dinheiro nos fóruns. Lembre-se de que o céu é o limite. Se estiver disposto a tentar coisas novas, mesmo as mais pequenas ideias podem ganhar uma fortuna. Cada sub-fórum dentro de um fórum tem o seu propósito. Explore cada secção do fórum, e ficará surpreendido com o que descobrir.

Ganhar dinheiro nunca foi tão fácil. A Internet e a tecnologia têm ajudado a aproximar o mundo. Ganhar dinheiro tem sido sempre um esforço de equipa. O mundo está lá fora para si, tal como o fórum gratuito que o liga a criadores de dinheiro com os mesmos objectivos. É agora a sua vez de o aceitar.

22. TRABALHOS DE INTRODUÇÃO DE DADOS A PARTIR DE CASA.

Os empregos de introdução de dados a partir de casa estão entre as mais respeitáveis e lucrativas oportunidades de emprego na Internet. Estas vocações tornam a vida mais fácil e mais confortável para os seus utilizadores. Estes empregos de introdução de dados são as únicas oportunidades legais e simples em linha disponíveis.

Todos os dias, dezenas de milhares de pessoas exploram a Internet para encontrar formas de ganhar dinheiro online e melhorar o seu nível de vida. Os empregos de introdução de dados em linha são as únicas oportunidades legítimas para ganhar dinheiro a partir de casa. Assim, é simples para os seus clientes ganharem dinheiro online, uma vez que o podem fazer a partir do conforto das suas casas.

Estes trabalhos de introdução de dados são completamente válidos e simples de executar. A única habilidade necessária para completar este trabalho é a proficiência do teclado. Qualquer pessoa com um pouco de compreensão da Internet e datilografia pode fazer este trabalho e ganhar uma quantia substancial de dinheiro online.

Estes trabalhos de introdução de dados são simples; apenas exigem que as pessoas preencham formulários online para as empresas para as quais escolhem trabalhar. Os formulários que os utilizadores deste programa preenchem são apenas anúncios para estas empresas. Estas empresas compensam-no então sob a forma de comissões, que são tipicamente substanciais e pagas prontamente.

O número de comissões dependerá do número de vendas geradas pelas empresas como resultado dos seus anúncios que aparecem em vários websites. Não há limite para o quanto pode ganhar com estes trabalhos de introdução de dados, uma vez que os anúncios que cria são publicados em vários websites, facilitando aos clientes a compra dos produtos e aumentando as suas comissões.

Quero continuar a trabalhar como funcionário de introdução de dados online indefinidamente e ganhar um rendimento substancial. A taxa média de comissões para esta posição situa-se entre $30 e $35 por venda. Este número aumenta à medida que a experiência do utilizador aumenta. Ganho aproximadamente $100 por semana, o que equivale a pelo menos $400 por mês.

Estas profissões têm muitas regalias, incluindo trabalhar a partir de casa e servir como empregador. Pode tirar partido da formação que proporcionam para o ajudar a iniciar nesta profissão e a obter um rendimento substancial. Aproveite esta oportunidade e comece imediatamente.

23. EBOOOK ESCREVENDO.

Uma das formas mais eficazes de ganhar dinheiro com os seus livros electrónicos é fornecer apenas conteúdos de alta qualidade. As suas obras devem ser informativas, bem escritas e práticas para que possa persuadir os utilizadores em linha a fazer uma compra eficaz. Quando as pessoas se apercebem de que você fornece informação excelente, estão inclinadas a regressar para mais e podem até promover os seus livros electrónicos junto de outros.

Aqui estão outras sete formas fantásticas de ganhar dinheiro publicando livros electrónicos:

1. Use títulos cativantes. Os especialistas dizem que a qualidade dos seus títulos de livros irá determinar 95% do seu sucesso. Se conseguirem atrair a atenção em linha e entusiasmar os consumidores da Internet, pode estar certo de que as suas vendas de livros irão disparar rapidamente.

2. Considere temas rentáveis. Será mais fácil vender os seus livros electrónicos se escrever sobre temas incrivelmente interessantes para os utilizadores em linha. Pode simplesmente determinar que tópicos

venderiam como hotcakes online, conduzindo uma pesquisa de palavras-chave e perguntando aos seus potenciais clientes que informação procuram.

3. Mantenha os seus e-livros breves e directos. Devido à sua atenção limitada, os consumidores em linha escolhem livros electrónicos que são simples de compreender e geralmente breves. Portanto, utilizem linguagem básica e expliquem as vossas opiniões e ideias em menos de 30 páginas.

4. Conduzir pesquisas Todos querem obter livros electrónicos com informação abrangente, detalhada e aprofundada para compreender rapidamente a questão principal. Não se esqueça de realizar pesquisas ao criar os seus livros electrónicos para obter informações mais valiosas que possam tornar as suas criações ricas em substância e informativas.

5. Fique longe da ficção. A maioria dos utilizadores da Internet não pagará dinheiro por nada que não possa melhorar as suas vidas. Portanto, escreva sobre temas que possam fornecer aos seus

leitores conhecimentos úteis, tais como directrizes passo a passo, e evite escrever sobre temas fictícios.

6. Lute contra o bloqueio dos escritores. Isto pode ser prejudicial para a sua profissão de escritor, porque o impede de ser criativo. A boa notícia é que pode evitar sentir-se sobrecarregado ao escrever todos os seus pensamentos e afastar-se do seu computador pelo menos duas vezes por semana.

7. Produza mais livros electrónicos. Ganhará mais dinheiro com esta actividade se conseguir aumentar o número dos seus e-livros. Pode conseguir isto aumentando as suas horas de escrita ou empregando escritores fantasmas para criar o seu material.

24. VENDA NO EBAY.

Um número crescente de pessoas de todos os estratos sociais está a descobrir que podem melhorar a sua situação financeira através do eBay. Esta secção descreve cinco métodos para gerar rendimentos no eBay.

Primeiro, pode fazer o que muitos outros fazem e hospedar uma "venda de garagem" online. Pode gerar receitas no eBay vendendo artigos de que já não precisa. Todas as semanas, dezenas de milhares de pessoas lucram com esta prática.

Segundo, pode ganhar dinheiro no eBay, oferecendo coisas aos consumidores internacionais através da sua própria loja eBay.

Terceiro, num espírito semelhante, pode ganhar dinheiro no eBay, vendendo coisas que fez. Por exemplo, pode vender os seus produtos artísticos em linha se tiver uma dobra artística.

Quarto, muitos indivíduos estão a vender produtos do eBay para gerar dinheiro para si próprios e para outros.

Finalmente, quando se trata de ganhar dinheiro no eBay, as suas opções são essencialmente ilimitadas. Os seus únicos constrangimentos reais são a extensão da sua imaginação. O rendimento do eBay tem o potencial de reforçar significativamente a sua situação financeira.

Pode perder dinheiro em muito do que faz com leilões e eBay, mas também pode ganhar dinheiro; um dos factores mais importantes é o teste. Se testar, saberá onde investir mais e onde investir menos.

25. ALOJAMENTO DE WEBINARS.

Com tanto cepticismo em torno do lançamento de um negócio na Internet, a apresentação de webinars pode ser um método maravilhoso para criar confiança com potenciais clientes, porque há algo de maravilhoso em ver a pessoa a falar directamente para si no ecrã à sua frente.

Contudo, sabia que, além de gerar vendas para o seu negócio (até 10% dos participantes de webinars acabam por comprar), a realização de um webinar também pode gerar procura de coisas que se podem vender? Esta é uma excelente opção se quiser estabelecer um negócio na Internet, mas não tem um produto para vender.

Eis como se pode gerar rendimentos através da realização de um webinar.

Primeiro, convide indivíduos para um webinar gratuito.

Esta abordagem implica a organização de um webinar gratuito no qual se oferece uma sessão de formação gratuita sobre um determinado assunto. Depois, após o webinar, convida-os a assistir a outros webinars consigo durante as próximas sete, dez, doze, ou mais semanas, durante as quais os acompanhará passo a passo em todo o processo.

Como a maioria do software de webinars tem capacidades de gravação, pode então criar um curso de vídeo completo que poderá oferecer online por £100, £200, ou mais.

O que deve incluir no seu webinar?

Encontrar conteúdo de webinars é mais fácil do que se pensa. Aqui estão algumas recomendações para a sua consideração.

Conte e mostre.

Crie uma apresentação em PowerPoint para demonstrar a funcionalidade do seu produto.

Basta considerar.

Suponha que divide a sua apresentação em sete secções e desenvolve quatro minutos de conteúdo para cada porção. Nesse caso, terá informação suficiente para um webinar de 30 minutos antes de acrescentar uma introdução.

Entrevista a um especialista.

Pode também convidar um especialista no seu assunto para responder a perguntas durante um webinar. Esta não é uma noção inteiramente nova, uma vez que este formato foi utilizado muito antes da invenção dos webinars, particularmente em teleinários e teleconferências.

Depois de ter filmado a sua série de webinars e de estar pronto para os vender, pode enviar uma cópia aos seus especialistas para que estes os possam utilizar gratuitamente para ganhar mais visibilidade.

Poderá levar as coisas ao nível seguinte convidando potenciais clientes para o seu primeiro webinar gratuitamente e cobrando-lhes a participação numa série de 12 webinars subsequentes para um investimento único à sua escolha. £100. £200 ou mesmo £400.

Esta pode ser uma abordagem eficaz para gerar receitas a partir da realização de webinars.

Pode mesmo conseguir que os seus adversários se juntem a si propondo uma empresa conjunta.

Pode oferecer-se para anunciar os seus webinars na sua lista de correio ou vice-versa e dividir as receitas 50/50.

Será uma questão de preferência pessoal quanto ao software de webinars que utiliza mas o alojamento de webinars pode proporcionar uma oportunidade única de ganhar uma quantia substancial de dinheiro com a comodidade da sua poltrona.

26. INVERSÃO DE DOMÍNIO.

Tem sido bastante intrigante saber que um indivíduo pode tornar-se um corretor na Internet e começar a obter rendimentos online. Quando se ouve "inversão de domínio", deve-se prever a compra de domínios ou websites a baixo custo, fornecendo o mínimo ou nenhum valor, e vendendo-os com lucro. Este é mais um método sem esforço para obter dinheiro com o mínimo esforço.

A inversão de domínio necessita de pouca educação formal. É um negócio simples que mesmo os adolescentes das nações em desenvolvimento conduzem sem dificuldade. Se um adolescente o pode fazer, ou é agradável, um hobby, ou uma tarefa simples.

O método requer um mínimo de inventividade e investimento. Pode adquirir um nome de domínio criativo que pode atrair tráfego substancial para um negócio e vendê-lo por um preço elevado após um período ou imediatamente. O quão criativo pode ser nesta situação dependerá do seu nível de experiência ou competência no seu campo de trabalho.

Isto é o quão simples o processo pode ser. Só precisa de estar perto de um computador e de uma ligação à Internet; tudo o resto é opcional. Não há desculpa para estar desempregado e lutar quando a inversão de domínio necessita apenas de algumas horas por semana.

O seu nível de dedicação terá um impacto significativo na quantidade de dinheiro que irá ganhar. Se fizer um maior esforço, ganhará mais.

27. LANÇAMENTO DE PRODUTOS.

Se tiver um produto que tenha de ser lançado, quer seja um produto antigo que esteja a assumir ou um novo, pode dar-lhe um envio adequado, seguindo os procedimentos correctos. Lançar um produto rapidamente não precisa de ser um desafio, mas necessitará de uma estratégia.

Em primeiro lugar, terá de considerar o futuro. Deverá garantir que os comunicados de imprensa, histórias, imagens, etc., sejam escritos, cobertos, e tirados com meses de antecedência. Mesmo que tenha de fazer pequenos ajustes à medida que o prazo se aproxima, a maior parte do trabalho será completada.

Seria melhor se tivesse também um plano de promoção contínua através de blogues, fóruns, salas de chat, etc. Além disso, prepare todos os pacotes de publicidade e informação impressos com duas semanas de antecedência. Alguns dias antes do lançamento do seu produto confirmado, prepare um kit de imprensa e dê-lhe os últimos retoques. Muitas vezes, um lançamento rápido de um produto é uma questão de planeamento.

Além disso, assegure-se de que tem um plano de reserva para cada promoção. Se o seu produto estiver prestes a aparecer num centro comercial, por exemplo, seja preparado com uma data de reserva no caso de falhar a sua deixa. Por vezes, estas coisas ocorrem sem culpa sua. Por conseguinte, deve estar preparado.

Assegure-se de que todas as plataformas de meios de comunicação são cobertas durante o lançamento inicial. Enviar comunicados de imprensa de pré-produção a todos os meios de comunicação social, criar anúncios de rádio e televisão com antecedência, e ter anúncios impressos prontos a usar, se quiser lançar um produto rapidamente. Nada deve ser deixado ao acaso.

28. SÍTIOS WEB DE MEMBROS.

Muitos indivíduos acreditam que o desenvolvimento de um site de membros requer um enorme esforço se se criar um site de membros "convencional", sim.

Devem fazê-lo:

* Um compromisso substancial de tempo.

* Um conteúdo que deve ser continuamente actualizado.

* Guias dispendiosos e extensos.

* Moderação do fórum.

Contudo, se construir um site de membros com um "termo fixo", não terá estas responsabilidades.

Tudo o que é necessário é o seguinte:

* Um artigo de 2-5 páginas é produzido todas as semanas.

* Um autorresponder (ao escrever lições, carrega-as no seu autorresponder, que entrega as suas lições automaticamente aos seus subscritores nos dias que você determinar)

* Um sistema de pagamentos periódicos (como PayPal ou ClickBank)

* Uma duração pré-determinada para a sua adesão (3, 6, 9, ou 12 meses)

E assim se conclui!

Os sítios de adesão a prazo fixo são a forma mais simples e mais lucrativa de gerar rendimentos residuais em linha. Investir 2 a 5 horas por semana é tudo o que é preciso para obter um rendimento mensal na Internet; é tão simples como isso.

Eis como funciona:

Um visitante do seu sítio Web subscreve o seu boletim informativo. Em seguida, introduza o seu nome e endereço electrónico numa "página de captura" que envia os dados para o seu autorresponder. Depois, o seu autorresponder envia-lhes as suas lições por correio electrónico (geralmente semanalmente ou sempre que especifica).

29. PROGRAMAS DE ALTO NÍVEL.

Certamente que já ouviu falar dos grandes batedores, indivíduos que ganham tanto dinheiro online que mal conseguem acompanhar o afluxo. Eles são poucos e distantes, mas todos eles possuem um segredo que você não possui.

Estão a utilizar programas de alto nível para gerar quantias significativas de dinheiro, que podem investir na promoção de programas de baixo nível para lucros futuros. Esta abordagem infalível assegurará que o seu negócio cresça duas vezes mais rapidamente ou talvez três vezes mais depressa do que aqueles que compreendem como gerar rendimentos online.

O que é um programa de vanguarda?

Um programa principal é uma oportunidade de negócio que lhe permite gerar um rendimento mensal substancial instantaneamente. Ao contrário das oportunidades MLM, não é necessário recrutar centenas de indivíduos antes de se poder ganhar dinheiro online.

Estes programas têm um custo inicial elevado, no entanto, proporcionam um valor excelente. Normalmente, receberá algumas das melhores ferramentas de marketing e um mentor pessoal que o guiará ao longo do caminho para o sucesso com os seus conhecimentos e conselhos. Não existem outros programas de formação que forneçam uma instrução superior.

A Funcionalidade do Programa.

Os programas Premium têm uma taxa de entrada elevada. Isto pode desencorajar aqueles que não estão empenhados em ter sucesso no seu desejo de ganhar dinheiro online, o que pode ser outra razão pela qual estes programas têm uma elevada taxa de sucesso.

Na maioria dos programas, apenas cerca de 3% das pessoas ganham dinheiro online, enquanto 97% falham. No entanto, com um programa de topo, os números estão invertidos, com 97% das pessoas a ter sucesso e a gerar dinheiro e apenas 3% a falhar.

Basta apenas algumas vendas para recuperar o investimento inicial; depois disso, tudo é lucro. Os sistemas de topo de gama são facilmente reproduzíveis, e praticamente qualquer pessoa pode aprender a fazer o sistema funcionar em poucos dias, graças às suas estratégias eficazes de marketing e instrução. Não existe um método mais rápido ou mais simples.

Quem deve seleccionar um?

Se estiver interessado, ser-lhe-á exigido um compromisso inicial considerável. Um ponto de partida decente é de $2.000 a $4.000 para garantir que tem o suficiente para comprar no programa e gastar na primeira promoção para gerar as vendas iniciais necessárias para manter a máquina a funcionar. Para além do custo inicial, também será necessário tempo.

Normalmente, são necessários quatro dias de 4 horas para formação, aprendizagem, e instalação. Depois disso, terá de ser possível dedicar tempo. O requisito mínimo é de 1-2 horas diárias, quatro dias semanais.

É preciso acrescentar mais se se quiser realmente acelerar o processo. Para além de uma ligação telefónica e de Internet, deverá ter um plano ilimitado de longa distância, uma vez que irá fazer muitas chamadas. Satisfaça estes pré-requisitos, e rapidamente ganhará dinheiro online.

Os Benefícios que Vai Desfrutar.

Se reunir as qualificações e acreditar que um programa como este lhe convém, será recompensado de forma generosa. Quando tiver aperfeiçoado o sistema, terá significativamente mais tempo livre e provavelmente ganhará o dobro do dinheiro por metade do esforço.

Mesmo um investimento modesto num programa de alto nível gerará um rendimento mensal de cinco dígitos, a partir do primeiro mês. Se tiver a sorte de investir entre $3.000 e $4.000, muitas vezes irá ganhar um rendimento semanal de cinco algarismos com um mínimo de dificuldade.

30. TUTORIA ONLINE.

Tem três opções: tutoria de carreira, tutoria especializada, e tutoria em part-time. Para o ajudar a compreender melhor as suas opções, aqui estão algumas explicações extra das suas várias opções.

Tutorias voluntárias.

Tanto os estudantes como os profissionais apreciarão a adaptabilidade que estes artigos proporcionam. No entanto, por serem a tempo parcial, é necessário primeiro assegurar um emprego numa empresa ou negócio na Internet e preparar-se para ele. Esta pode ser uma opção fantástica se estiver à procura de uma forma simples de ganhar dinheiro extra à parte.

O freelancing também é uma opção, mas pode ser difícil lidar com transacções e negociações se estiver ocupado com outro empreendimento. Ao ser "contratado" online, pode obter um fluxo regular de "estudantes" com um esforço mínimo.

Tutoria de carreira.

Com o recente aumento da popularidade do mercado de trabalho online, os trabalhos de tutoria online são agora uma opção de carreira viável. O que é belo nisto é que existem inúmeras formas de o conseguir.

Pode trabalhar como freelancer ou estabelecer uma empresa que ofereça estes serviços. Alguns podem argumentar que isto não se qualifica como um trabalho de tutoria online, mas como provavelmente começará por ser você a dar as aulas, ainda permite como tal.

Tutoria personalizada.

Esta abordagem, talvez a mais prevalecente do grupo, está hoje disponível em vários formatos. Tecnicamente, mesmo os serviços de "coaching" um-a-um qualificam-se como tutoria especializada, pois continuará a funcionar como um "guia" e a instruir o seu cliente online.

Há várias oportunidades de ganhar dinheiro online, se tiver algum tempo livre. Pode explorar o trabalho como tutor online para ajudar outros com as suas dificuldades académicas. Os seus ganhos determinarão o seu bom desempenho como tutor e quanto tempo e esforço investe.

Os tópicos que mais necessitam de tutoria são ciência (química e física) e matemática (álgebra). A procura é tão grande porque há um impulso para que mais estudantes se inscrevam nestas disciplinas. Os seus conhecimentos nestas áreas tornam a instrução online uma grande opção.

As vagas disponíveis podem ser encontradas em websites que anunciam trabalhos de tutoria. No sítio web, encontrará as qualificações e pré-requisitos necessários. À medida que navega nos sítios web, tome nota do processo de candidatura, que variará de sítio para sítio.

A candidatura incluirá provavelmente um teste e uma forma de o preencher. Candidate-se ao maior número possível de sítios da Internet a anunciar posições de ensino, aumentando as suas probabilidades de sucesso. Será avaliado para garantir que a sua experiência é legítima. Informar-lhe-ão se a sua candidatura foi bem sucedida.

As suas horas de tutoria devem ser determinadas, uma vez que a maioria das empresas que procuram tutores querem um número mínimo de horas por semana. Trata-se de um requisito mínimo, embora seja possível trabalhar mais. Isto é inteiramente da sua responsabilidade, desde que a sua agenda o permita. A maioria dos empregadores limitará as suas horas semanais a trinta.

Pelo menos uma vez por mês, receberá um pagamento bancário directo ou um cheque no correio. É proporcional ao número de horas cumpridas. Durante o processo de candidatura, o método de compensação é descrito. Deve preencher um documento de acordo antes de começar a trabalhar.

A agência de tutoria que o emprega irá fornecer-lhe os estudantes. Receberá também os materiais essenciais para assegurar o seu sucesso. Assegura o cumprimento dos protocolos. Se tiver alguma dúvida, peça esclarecimentos ao seu agente de tutoria.

Ter estudantes de várias origens e estilos de vida pode tornar ser um tutor em linha satisfatório e excitante. Enquanto tutor, ganha dinheiro e experimenta a excitação de ajudar outra pessoa.

CONCLUSÃO.

Como pode ou não saber, iniciar um negócio não é fácil. Requer muito planeamento, incluindo análise do mercado local, um site, algum pessoal, e uma quantidade substancial de equipamento operacional.

Não porque não tenha feito a sua pesquisa, mas porque é essa a natureza do negócio; todas estas necessidades resultarão numa despesa substancial e num grande perigo de as coisas não acontecerem como planeado.

Obviamente, quanto maior for a atenção aos detalhes e quanto mais abrangente for o planeamento, maior será a probabilidade de sucesso. Em todo o caso, um negócio convencional como este irá sobrecarregá-lo com muitas despesas que o impedirão de ganhar um único dólar durante pelo menos um ano.

Portanto, embora o empreendedorismo seja o caminho a seguir, é possível desenvolver e operar um negócio lucrativo do qual se pode ganhar dinheiro suficiente para viver confortavelmente sem o stress de ter milhares de dólares em risco durante meses ou mesmo anos.

Então, qual é a resposta ao seu impulso empresarial se não tiver capital ou se não gostar de arriscar muito dele e ainda assim desejar ganhar dinheiro rapidamente?

Iniciar um negócio na Internet, que é muito mais do que vender no eBay ou na Amazon. Eu sei que um negócio de comércio electrónico pode ser lucrativo. Ainda assim, depois de muitos anos a gerar uma vida em linha, prefiro mais tempo e soluções rentáveis que ofereçam um melhor potencial de crescimento a curto e longo prazo, a começar com contributos relativamente mínimos.

O marketing na Internet é um exemplo claro - embora não seja o único - deste tipo de oportunidade, pois permite desenvolver um negócio sustentável capaz de gerar milhares de dólares em receitas mensais sem arriscar milhares de dólares.

O marketing na Internet é certamente mais sobre saber do que investir. Assim, enquanto uma empresa tradicional necessita de 60% de investimento de capital e 40% de know-how, uma empresa em linha baseada no marketing na Internet necessitará de 5% de investimento de capital (principalmente em recursos educativos) e 95% de know-how.

Isto significa que estará a arriscar tempo e esforço, em vez de dinheiro, quando realizar negócios online através de marketing na Internet ou qualquer outro método que lhe permita conduzir a sua organização online.

Isto não implica, no entanto, que possa dar-se ao luxo de ser um desperdício, pois o seu tempo e esforço são recursos igualmente preciosos (lembre-se, tempo é dinheiro). Mesmo que tenha pouco ou nenhum dinheiro, tem tudo o que é preciso para gerir um grande negócio neste momento, com a paz de espírito de que nada tem a perder a não ser alguma da sua energia, que é um recurso renovável.

Portanto, se iniciar um negócio online, terá espaço para tentativa e erro sem medo de perder uma fortuna e a distinta vantagem que muitas opções de negócio online, tais como o marketing na Internet, negociação forex, e negociação de acções oferecem, que é a capacidade de entregar resultados reais dentro de dias após ter começado, assumindo que tem à sua disposição as ferramentas e recursos adequados.

Habilidades de Gestão para Gestores.

1. Gestão do Tempo para Gestores
2. Coaching de Gestores para Empregados
3. Formação de Equipas para Gestores
4. Autoconfiança para os Gestores
5. Habilidades de Negociação para Gestores
6. Habilidades de Serviço ao Cliente para Gestores
7. Assertividade para os Gestores
8. Etiqueta Empresarial para Gestores
9. Habilidades de Audição para Gestores
10 Habilidades de Liderança para Gestores
11. Habilidades de Comunicação para Gestores
12. Habilidades de Apresentação para Gestores
13. Gestão de Stress para Gestores
14. Tomada de decisões para os Gestores
15. Gestão de Conflitos para Gestores.

Série: Liberdade financeira em qualquer idade.

- Alcançar a liberdade financeira na casa dos 20
- Alcançar a liberdade financeira na casa dos 30
- Alcançar a liberdade financeira na casa dos 40
- Alcançar a liberdade financeira na casa dos 50
- Alcançar a liberdade financeira na década de 60
- Alcançar a Liberdade Financeira na década de 70 e mais além.
- Alcançar a Liberdade Financeira nas crianças
- Alcançar a liberdade financeira nos adolescentes
- Alcançar a Liberdade Financeira nos estudantes universitários.

- Esquemas financeiros a ter em conta na reforma.

Série: Finanças pessoais para si.
- Compra e Venda de Cripto para Principiantes
- Porque Investir em Acções de Dividendos Faz Sentido.

Série: Riqueza 2022.

- Empreendedorismo Online.
- Iniciar o seu próprio negócio
- Gestão da Riqueza
- Rendimento Passivo.
- 12 Passos para iniciar o seu próprio negócio.

Série: Excelente Serviço ao Cliente.
- Excelente serviço ao cliente no retalho
- Excelente Serviço ao Cliente em Fast Food
- Excelente serviço ao cliente no Restaurante Full-Service
- Excelente Serviço ao Cliente no Ensino.
- Excelente Serviço de Apoio ao Cliente em Imobiliário
- Excelente serviço ao cliente num Call Center

- Excelente Serviço de Atendimento ao Cliente como Recepcionista
- Excelente Serviço de Atendimento ao Cliente num Hotel
- Excelente Serviço ao Cliente na Venda
- Excelente serviço ao cliente Não importa a situação.
- Excelente Serviço ao Cliente no Consultório Dentário
- Excelente Serviço ao Cliente no Consultório Médico.

Série: Dinheiro rápido.

- Dinheiro rápido numa semana
- Dinheiro rápido num fim-de-semana
- Dinheiro rápido num mês
- Dinheiro rápido para estudantes.

Série: Como Promover.

- Como fazer o seu negócio prosperar durante uma recessão
- Como promover o seu livro de receitas
- Como promover o seu livro infantil.

Autor Bio

D.K. Hawkins. D.K. gosta de ler livros pessoais de negócios, bem como de passar tempo ao ar livre. Mais livros virão nesta colecção, por isso, por favor siga na Amazon para mais livros.

Obrigado pela sua compra deste livro.

Sinceramente, aprecio-o e aprecio-o a si, meu excelente cliente.

Deus vos abençoe.

D.K. Hawkins.

www.ingramcontent.com/pod-product-compliance
Lightning Source LLC
Chambersburg PA
CBHW071126240526
45465CB00024B/1394